Khalil Gibran

Die Götter der Erde

Khalil Gibran

Die Götter der Erde

Walter-Verlag
Solothurn und Düsseldorf

Der Originaltitel von 1931
THE EARTH GODS

Aus dem Englischen übertragen von
Ursula Assaf-Nowak

Die Deutsche Bibliothek – CIP-Einheitsaufnahme

Ǧibrān Ǧibrān Ḫalīl:
Die Götter der Erde / Khalil Gibran.
[Aus dem Engl. übertr. von Ursula Assaf-Nowak.] –
Solothurn; Düsseldorf: Walter, 1993
Einheitssacht.: The earth gods <dt.>
ISBN 3-530-26714-7

Satz: Digital Type & Picture AG, Wiedlisbach
Druck und Einband: Clausen & Bosse, Leck
Printed in Germany
ISBN 3-530-26714-7

Als die Nacht des zwölften Äon anbrach,
und ihr Schweigen – einer großen Flut gleich –
die Hügel überspülte,
erschienen auf Bergesgipfeln
die drei erdgeborenen Götter,
die gewaltigen Herren des Lebens.

Flüsse netzten ihre Füße,
Nebel umwölkte ihre Brust,
und ihre Köpfe ragten
hoheitsvoll über der Welt auf.

Als sie zu sprechen begannen,
klang es wie entfernter Donner,
der über Steppen rollt.

ERSTER GOTT

Der Wind bläst ostwärts;
ich werde mein Gesicht
nach Süden wenden,
denn meine Nase wittert
den Geruch der Verwesung.

ZWEITER GOTT

Es ist der Geruch
verbrannten Fleisches,
süß und belebend zugleich,
ihn einzuatmen,
findet mein Gefallen.

ERSTER GOTT

Geruch der Sterblichkeit,
auf eigener schwacher Flamme röstend.
Er hängt schwer in der Luft,
wie stinkender Mundgeruch aus einer Senke
beleidigt er meine Sinne.
Ich werde mein Gesicht
nach Norden wenden.

Zweiter Gott

Es ist der aufsteigende Duft
brütenden Lebens;
jetzt und immer will ich
mich an ihm berauschen.
Die Götter leben von Opfern,
ihr Blut stillt ihren Durst,
und geopferte junge Seelen
versöhnen ihre Herzen;
die endlosen Seufzer derer,
die mit dem Tod leben,
stärken ihre Kraft.
Auf der Asche von Generationen
sind unser Throne errichtet.

ERSTER GOTT

Mein Geist ist müde
und aller Kreatur überdrüssig.
Ich würde keine Hand bewegen,
weder um eine Welt zu schaffen
noch um eine Welt zu vernichten.
Wenn ich sterben könnte,
würde ich nicht mehr leben,
denn schwer lastet auf mir
das Gewicht von Äonen,
und das ewige Stöhnen der Meere
raubt mir den Schlaf.
Könnte ich nur meiner Bestimmung entgehen
und wie eine Sonne verglühen!
Könnte ich die Attribute
der Göttlichkeit abstreifen,
meine Unsterblichkeit
in den Weltraum aushauchen
und aufhören zu existieren!
Ach, könnte ich ausgelöscht werden
aus dem Gedächtnis der Zeit
und eingehen
in die Leere des Nichts!

Dritter Gott

Hört meine Brüder,
meine älteren Brüder!
Drüben im Tal
singt ein Jüngling.
Singend schüttet er
der Nacht sein Herz aus.
Seine Leier ist aus
Gold und Ebenholz,
seine Stimme
aus Silber und Gold.

Zweiter Gott

So töricht wäre ich nicht,
mich nach dem Nichts zu sehnen.
Ich wähle lieber den steilen Weg,
ertrage die Bürde der Jahre
und folge den Jahreszeiten:
ich bin bemüht,
die Saat zu säen
und darauf zu achten,
wie sie aus dem Boden treibt;
die Blumen zu rufen
aus ihrem Versteck,
ihnen die Kraft zu verleihen,
ihr Leben zu behaupten,
und sie zu brechen,
wenn der Sturm im Walde lacht;
den Menschen aus dunklem Schoß
ans Licht zu führen
und dafür Sorge zu tragen,
daß seine Wurzeln
in der Erde verhaftet bleiben,
ihn dürsten zu lassen
nach dem Leben,
doch ihm den Tod
zum Mundschenk geben,
ihn mit der Liebe zu locken,

die im Leid wächst,
in der Sehnsucht zunimmt
und in der ersten Umarmung
wieder abklingt.
Seine Nächte auszustatten
mit Träumen von besseren Tagen
und seine Tage mit Visionen
von glücklicheren Nächten,
und sie dennoch einzuebnen
zu eintöniger Gleichförmigkeit;
seine Fantasie zu beflügeln,
daß sie dem Adler der Berge gleicht,
und sein Denken zu bewegen
wie Sturm über dem Meer,
ihm aber Hände zu geben,
die sich nur langsam bewegen,
sowie Füße, die sich
nur schwer in Gang setzen;
ihm Frohsinn zu verleihen,
damit er vor uns singt,
und schwerwiegende Sorgen,
damit er uns anruft;
ihn zu Fall zu bringen,
wenn die Erde hungrig
nach Nahrung schreit;
seine Seele zu erheben
hoch übers Firmament,

so daß er einen Vorgeschmack erhält
von unserem Morgen,
und seinen Körper gleichzeitig
der Schwerkraft zu unterwerfen,
damit er am Boden kriecht
und sein Gestern nicht vergißt.
So sollen wir herrschen
über den Menschen
bis zum Ende der Zeiten;
wir sollen Obacht geben
auf seinen Atem,
der mit dem Schrei
seiner Mutter begann
und mit der Trauerklage
seiner Kinder endet.

Erster Gott

Mein Herz dürstet,
aber ich weigere mich,
das Blut von Schwächlingen
zu trinken,
der Becher ist besudelt,
der Wein, den er enthält,
schmeckt meinem Mund bitter.
Wie du knetete ich
den Lehm der Erde
und formte ihn
zu atmenden Wesen, die mir
aus tropfenden Fingern krochen
in Täler und auf Hügel.
Wie du entfachte ich
die dunklen Abgründe
beginnenden Lebens,
ich sah es aus Höhlen hervorkommen
und Felsengipfel besteigen.
Wie du rief ich den Frühling herbei
und legte ihm das schönste Gewand an –
als Köder für die Jugend,
um sie anzuregen,
sich fortzupflanzen
und zu vermehren.
Von Schrein zu Schrein

führte ich den Menschen
– wie du es tatest –;
seine nackte Angst
vor dem Unbekannten
verwandelte ich in
furchtsamen Glauben an uns.
Wie du zähmte ich
den wilden Sturm seiner Gefühle,
bis er sich uns
ehrfürchtig unterwarf,
und ich erschütterte die Erde
unter seinen Füßen,
bis er uns um Hilfe rief.
Wie du entfesselte ich den Ozean
und ließ ihn gegen die Inseln branden,
auf denen er sich niedergelassen hatte,
bis er uns sterbend
um Gnade rief.
All dies tat ich und mehr,
und alles, was ich tat,
ist sinnlos und leer.
Vergebens ist das Wachen,
nichtig ist der Schlaf,
und dreimal nichtig und vergebens
ist der Traum.

Dritter Gott

Brüder, meine ehrwürdigen Brüder,
unten im Myrtenhain
tanzt im Mondschein ein Mädchen,
in ihren Haaren
tausend Sterne aus Tau,
und um ihre Füße
tausend Flügel.

Zweiter Gott

Wir pflanzten den Menschen
als unseren Weinstock,
wir pflügten seine Erde
im purpurfarbenen Nebel
der ersten Morgenröte;
wir sahen seine zarten Zweige
stetig wachsen;
in all den Jahren
ohne Jahreszeiten
hegten wir seine jungen Blätter;
wir schützten seine Knospen
vor rauhen Elementen
und bewahrten seine Blüten
vor dunklen Geistern.
Doch nun, wo unser Weinstock
Reben hervorbringt,
nun willst du sie nicht
zur Kelter bringen
und deinen Becher nicht füllen
mit ihrem Wein?
Welche mächtigere Hand als deine
sollte die Früchte ernten?
Welch höherem Zweck
sollte der Wein dienen
als deinem Durst?

Der Mensch ist Nahrung
für die Götter,
sein Ruhm beginnt erst,
wenn sein nichtiger Atem
die heiligen Lippen
der Götter berührt.
Alles Menschliche
hat in sich keinen Wert:
weder die Unschuld der Kindheit
noch die Ekstase der Jugend,
weder die gebändigte Leidenschaft
des Mannes
noch die Weisheit des Alters,
nicht die Pracht der Könige
und nicht der Siegestaumel
der Krieger,
weder der Ruhm der Dichter
noch die Ehre der Träumer
und Heiligen;
all dies, und alles,
was das Leben noch enthält,
ist Brot für die Götter,
und es bleibt ungesegnetes Brot,
wenn die Götter es nicht kosten.
So wie sich das stumme Korn
in Liebeslieder verwandelt,
wenn es der Nachtigall

als Nahrung dient,
so wird der Mensch
als Brot der Götter
selber ein Teil der Gottheit.

ERSTER GOTT

Ja, Fleisch für die Götter
ist der Mensch; und alles,
was mit ihm in Zusammenhang steht,
gelangt auf unsere ewige Tafel:
die Beschwerden der Schwangerschaft,
die Schmerzen der Geburt,
der blinde Schrei des Neugeborenen,
der die Nacht durchdringt,
die Angst der Mutter,
die mit dem Schlaf ringt
und es nicht erwarten kann,
das erschöpfte Leben
ins All zu verströmen,
der heiße Atem gemarterter Jugend,
die Seufzer unterdrückter Leidenschaft,
die schweißfeuchte Stirn des Mannes,
der seinen kargen Acker bestellt,
die Bedrängnisse des hohen Alters,
wenn das Leben – gegen den Lebenswillen –

dem Ende zugeht;
ja, das ist der Mensch,
ein Geschöpf, aus Hunger erzeugt,
und als Nahrung geschaffen
für hungrige Götter.
Ein Weinstock, der im Staub wächst,
unter den Füßen
unsterblicher Götter.
Eine Blume, die in den Nächten blüht,
zwischen finsteren Schatten;
Trauben trauriger Tage
voll Schrecken und Scham.
Und du forderst mich auf,
davon zu essen und zu trinken.
Du lädst mich ein,
in der Gesellschaft
verhüllter Gesichter zu sitzen,
Leben zu trinken
von Lippen aus Stein,
und meine Ewigkeit zu beziehen
aus welken Händen.

DRITTER GOTT

Brüder, meine hehren Brüder,
dreimal inniger singt der Jüngling
und dreimal herzergreifender
ist sein Lied.
Seine Stimme erschüttert den Wald
und durchdringt den Himmel.
Die süße Melodie
vertreibt den Schlaf der Erde.

Zweiter Gott

(dem dritten Gott
noch immer nicht zuhörend)

Eine Biene summt wohl
unsanft in deinem Ohr,
und der Honig schmeckt
deinen Lippen bitter.
Gern will ich dich trösten,
doch wie soll ich's anstellen?
Nur die Abgründe vernehmen es,
wenn Götter mit Göttern reden,
denn unermeßlich ist die Entfernung,
die zwischen Gottheiten liegt,
und windstill ist der Weltraum.
Dennoch will ich es versuchen,
deine bewölkten Sphären aufzuheitern;
und sind wir auch gleichgestellt
in Macht und Urteilsvermögen,
so will ich dich heute ermahnen
und dir mit Rat zur Seite stehn.

Als die Erde aus dem Chaos entstand, und wir – Söhne der ersten Stunde – uns zum ersten Mal im hellen Licht erblickten, kam von unseren Lippen ein erster zögernder Laut, der Luft und Meere belebte.

Hand in Hand gingen wir dann über die neugeborene Welt, und aus dem Echo unserer schlaftrunkenen Schritte wurde die Zeit geboren, eine vierte Gottheit, die in unsere Fußstapfen tritt und uns folgt wie ein Schatten unserer Gedanken und Wünsche, und die mit unseren Augen auf diese Welt blickt.

Da begann das Leben auf der Erde, und auf das Leben folgte der Geist, die beflügelte Melodie des Universums. Wir herrschten über Leben und Geist, und niemand außer uns kannte weder das Maß der Jahre noch das Gewicht der schattenhaften Träume, welche die Jahre träumten, bis wir zur Mittagszeit des siebten Äon das Meer mit der Sonne vermählten.

Aus dem Brautgemach ihrer hochzeitlichen Ekstase ging der Mensch hervor, unser Geschöpf. Und wenn er auch unentschlossen und willensschwach ist, so ist er doch geprägt von seinen Erzeugern.

Dank des Menschen, der über die Erde geht, während er seinen Blick auf die Sterne richtet, finden wir die Pfade zu den entlegensten Gegenden dieser Welt. Aus ihm, dem schwankenden Rohr neben dunklen Gewässern, machen wir eine Flöte, durch deren ausgehöhltes Herz wir unsere Stimme in dieser stummen Welt erklingen lassen.

Vom sonnenarmen Norden
bis zum sonnenverbrannten Sand
des Südens,
vom Land des Lotos,
wo die Tage zum Leben erwachten,
bis zu den gefährlichsten Inseln,
wo die Zeit untergeht,
wagt sich der kleinmütige Mensch
mit Leier und Schwert,
wenn wir ihn ermutigen.
Unser ist der Wille,
der ihn beseelt,
unser die Herrschaft,
die er ausübt.
Die schmalen Pfade,
die ihn die Liebe bahnen läßt,
sind Flüsse
zum Meer unserer Wünsche.
Wir auf Bergeshöhen,
wir träumen unsere Träume

im Schlaf des Menschen.
Wir leiten ihn an,
seine Zeit nicht zu vergeuden
im Tale des Zwielichts,
sondern die Gipfel zu besteigen
und ins Weite zu schauen.
Unsere Hände lenken die Stürme,
die über Täler und Meere fegen,
und sie führen den Menschen
vom trägen Nichtstun
zu fruchtbarem Streben
und zum verdienten Erfolg.
In unseren Augen ist die Vision,
die des Menschen Seele inspiriert
zu ergiebiger Einsamkeit,
zu prophetischer Aufruhr
bis zur Kreuzigung.
Der Mensch ist geboren,
um sich uns zu unterwerfen,
in der Unterwerfung
liegt seine Bestimmung
und sein Lohn.
Im Menschen suchen wir
ein Sprachrohr für uns,
und in seinem Leben
unsere Bestätigung.
Wessen Herz sollte

unserer Stimme Echo sein,
wenn der Staub
des Menschen Herz betäubt?
Und wer wird
unsere Herrlichkeit bewundern,
wenn Nacht des Menschen Auge blendet?
Und was hast du vor mit dem Menschen,
dem Kind unseres jugendlichen Herzens,
unserem Ebenbild?

Dritter Gott

Brüder, meine mächtigen Brüder,
die Füße der Tänzerin
sind trunken von Liedern,
ihr rhythmisches Klopfen
beim Berühren des Bodens
erfüllt die Luft mit Musik.
Tauben gleich
schweben ihre Hände
in der Luft.

Erster Gott

Die Lerche ruft die Lerche,
hoch über ihnen
schwebt der Adler
und versäumt es nicht,
dem Lied zu lauschen.
Du willst mich Eigenliebe lehren,
die sich stützt
auf die Verehrung der Menschen
und Selbstherrlichkeit,
die aus seiner Ergebenheit resultiert.
Doch meine Eigenliebe ist
maßlos und unbegrenzt;
sie erhebt sich über alles,
was erdgebunden und sterblich ist,
um über Himmeln zu thronen.
Meine Arme wollen
den Weltraum umschließen
und seine Sphären umfassen.
Die Milchstraße will ich
als Bogen benutzen
und die Kometen
als meine Pfeile,
und mit dem Unendlichen
will ich das Unendliche erobern.

Dir käme das nicht
in den Sinn,
selbst wenn es
in deiner Macht stünde.
Denn so sehr der Mensch
sich vom Menschen unterscheidet,
so sehr unterscheiden sich auch
die Götter untereinander.
Du glaubst, mich zu trösten
durch die Erinnerung
an längst vergangene Zeiten,
die wir im Nebel verbrachten,
als ich nach meiner Seele suchte
auf den Gipfeln der Berge
und meine Augen nach ihrem Bild
in jedem Gewässer.
Doch meine Mutter «Gestern»
starb bei meiner Geburt,
ihr Schoß birgt nichts mehr
als Schweigen,
und vom Winde verwehter Sand
schmiegt sich an ihre Brust.

O Mutter Gestern, totes Gestern,
du Mutter meiner gefesselten Gottheit,
welcher Übergott fing dich ein
auf deinem Höhenflug
und ließ dich im Käfig
Leben hervorbringen?
Welche Riesensonne
wärmte deinen Schoß,
um mir das Leben zu schenken?
Weder beglückwünsche ich dich dazu,
noch verfluche ich dich deswegen;
denn so wie du mir
die Last des Lebens aufgebürdet hast,
so gab ich sie dem Menschen weiter.
Doch ich war weniger grausam als du:
Ich, der Unsterbliche
schuf den Menschen
als vorbeiziehenden Schatten;
du aber hast mich sterbend
unsterblich zur Welt gebracht.

Gestern, tote Mutter Gestern,
wirst du zurückkehren
im entfernten Morgen,
auf daß ich dich verklagen kann
und dich dem Gericht ausliefere?
Wirst du erwachen

beim zweiten Morgengrauen,
auf daß ich dein Andenken
von dieser Erde tilgen kann?
Könntest du doch mit allen Toten
von einst
zu neuem Leben auferstehen,
bis das Land erstickt
an seinen bitteren Früchten,
bis die Meere stagnieren
vor lauter Toten
und das sinnlose Leiden
die sinnlose Fruchtbarkeit
der Erde erschöpft.

DRITTER GOTT

Brüder, meine heiligen Brüder,
das Mädchen hat den Gesang vernommen
und sucht nun den Sänger.
Wie ein junges Reh
in freudigem Erstaunen
hüpft sie über Klippen und Bäche
und blickt sich um
nach allen Seiten.
O diese Freude der Sterblichen
in der Erwartung!
Diese Blicke keimenden Verlangens!
Dies Lächeln zitternder Lippen
in der Erwartung
verheißender Wonnen!
Welche Blume fiel vom Himmel,
welche Flamme stieg aus der Hölle,
die das stumme Herz erregten
zu atemloser Freude und Furcht?
Welchen Traum träumten wir
auf den Gipfeln der Berge
und welche Gedanken säten wir
in die vier Winde,
die das schlummernde Tal weckten
und die Nacht aufmerksam machten?

Zweiter Gott

Der heilige Webstuhl
wurde dir anvertraut
sowie die Kunst,
den Stoff zu weben.
Die Kunst und der Webstuhl
sind für immer dein,
ebenso wie der dunkle
und der helle Faden,
der purpurrote und der goldene.
Doch du mißgönnst dir selber
ein Kleidungsstück.
Deine Hände haben einst
des Menschen Seele gesponnen
aus Luft und aus Feuer,
und nun willst du
den Faden durchschneiden
und deine geübten Finger
trägem Müßiggang überlassen.

Erster Gott

Nein, ich will Hand anlegen
an ungeformter Ewigkeit,
und zu unbetretenen Pfaden

meine Schritte lenken.
Denn welche Freude findet man
an oft gehörten Liedern?
Ihren Klang vernimmt
das Ohr der Erinnerung,
noch ehe die Lippen
ihn dem Wind preisgeben.
Mein Herz verlangt nach dem,
was das Bekannte übersteigt.
Zum Unbekannten,
das die Erinnerung nicht bewohnt,
drängt es meinen Geist.
Lock mich nicht
mit Ruhm, den ich besaß,
noch mit deinen und meinen Träumen,
denn alles, was ich bin,
alles, was die Erde enthält
und was die Zukunft bringen wird,
kann das Verlangen
meiner Seele nicht stillen.
O meine Seele,
stumm ist dein Angesicht,
und in deinen Augen
schlummern die Schatten der Nacht.
Aber furchtbar ist dein Schweigen,
furchtbar wie du selbst.

Dritter Gott

Brüder, meine erhabenen Brüder,
das Mädchen hat den Sänger entdeckt.
Sie sieht sein ergriffenes Gesicht.
Wie ein Panther huscht sie
leichtfüßig
durch raschelnden Wein und Farn,
und während er sein Klagelied singt,
erblickt er sie.

O meine Brüder,
meine unachtsamen Brüder,
gibt es einen anderen Gott,
der dieses Gewebe webte
aus Scharlachrot und Weiß?
Welcher eigenwillige Stern
verließ seine Bahn?
Wessen Geheimnis verbirgt
die Nacht dem Morgen?
Wer hält seine Hand
über unsere Welt?

Erster Gott

O meine Seele,
meine Seele, du brennender Kreis,
der mich umgibt!
Wie soll ich deinen Lauf zügeln,
zu welchen Horizonten
deinen Eifer lenken?

O meine Seele,
meine Seele ohne Gefährten,
in deiner Sehnsucht
zehrst du an dir selbst,
und mit deinen eigenen Tränen
löschst du deinen Durst;
denn die Nacht
füllt ihren Tau
nicht in deinen Becher,
und der Tag
bietet dir keine Früchte an.

O meine Seele,
meine Seele, du gestrandetes Schiff,
beladen mit Sehnsucht,
woher wird der Wind kommen,
der deine Segel strafft,
und welche Fluten

werden das Steuerrad ersetzen?
Dein Anker ist gelichtet,
deine Flügel sind ausgebreitet,
doch der Himmel über dir
schweigt –,
und die regungslose See
macht sich lustig
über deine Unbeweglichkeit.

Welche Hoffnung gibt es noch
für dich und für mich?
Welche Veränderungen von Welten,
welche neuen Ziele im Himmel,
die dich fordern werden?
Trägt der Schoß der ewigen Jungfrau
den Samen deines Erlösers,
der mächtiger ist
als deine Vision,
und dessen Hand
dich befreien wird
aus deiner Gefangenschaft?

Zweiter Gott

Hör auf mit deinem
unerträglichen Klagen,
halt an den Odem
deines brennenden Herzens,
denn taub ist das Ohr
der Unendlichkeit
und achtlos der Himmel.
Wir sind es, die jenseits
der Welt leben,
wir sind die Allerhöchsten,
zwischen uns
und der grenzenlosen Ewigkeit
befindet sich nichts
als unsere unfaßbare Leidenschaft
und ihr Beweggrund.
Du beschwörst das Unbekannte,
nach dem du strebst,
aber dies Unbekannte
– in Nebel verhüllt –
wohnt in unserer Seele.
Ja, in deiner Seele
schlummert dein Erlöser,
und im Schlaf sieht er,
was dein Auge im Wachen
nicht sieht.

Das ist das Geheimnis
unseres Seins.
Willst du deine Ernte
etwa nicht einbringen,
weil es dich drängt,
die Furchen der Träume
aufs neue zu besäen?
Und warum sendest du Wolken
über ungepflügte, öde Felder,
während deine Herde dich sucht,
um sich in deinem Schatten
zu versammeln?
Hab Geduld! Und wende deinen Blick
nicht ab von dieser Welt!
Sieh die Kinder,
die deiner Liebe noch nicht
entwöhnt sind!
Die Erde ist dein Standort,
die Erde ist dein Thron.
Hoch über des Menschen
weitreichendste Hoffnung
hält deine Hand
sein Geschick.
Du darfst dich dem Menschen
nicht entziehen,
der nach dir strebt
in Freud und Leid!

Du darfst dein Gesicht
nicht abwenden
von der Not
in seinem Auge!

ERSTER GOTT

Hält die Morgendämmerung
das Herz der Nacht
an ihrem Busen fest?
Kümmert sich das Meer
um die Toten in seinen Tiefen?
Wie das Morgenrot
erhebt sich meine Seele,
unverhüllt und ungehindert.
Und wie das rastlose Meer
versenkt mein Herz
in seinen Tiefen
jedes untergegangene Wrack
der Menschen oder der Erde.
Ich klammere mich nicht an das,
was sich an meine Fersen heftet.
Vielmehr will ich mich aufschwingen
in unerreichte Höhen.

Dritter Gott

Brüder, seht meine Brüder,
sie begegnen sich!
Zwei Geister
zu den Sternen unterwegs,
begegnen sich im Weltraum.
Er singt nicht mehr,
doch in seiner Kehle
vibriert noch das Lied;
und in ihren Gliedern
ist der beschwingte Tanz
nur angehalten,
nicht abgebrochen.

Brüder, meine wunderlichen Brüder,
die Nacht schreitet voran,
der Mond scheint heller,
und zwischen Matten und Meer
ruft euch und mich
eine leidenschaftliche Stimme.

Zweiter Gott

Sein und wachsen sollen wir,
brennen vor der brennenden Sonne,
leben und Leben schützen
in finsteren Nächten,
so wie Orion uns beschützt,
den Stürmen entgegentreten
mit erhobenem, gekröntem Haupt,
und die Krankheiten der Menschen heilen
durch unseren sanften Atem.
Der Zeltmacher sitzt im Dunkeln
an seinem Webstuhl,
der Töpfer dreht vertrauensvoll
seine Töpferscheibe,
nicht wissend, wie sein Werk gelingt.
Doch wir Wissenden
und wir Schlaflosen
verlassen uns nicht
auf den Zufall.
Weder rasten wir,
noch warten wir auf eine Eingebung.
Wir stehen über
allen Zweifeln und Skrupeln.
Sei zufrieden,
erwach aus deinen Träumen!
Laß uns wie zwei Ströme

unverletzt von Felsenkanten
ins Meer fließen!
Eingetaucht im Schoße des Meeres
werden wir uns weder streiten
noch um das Morgen kümmern.

Erster Gott

O diese Martern
endlosen Mutmaßens,
dieses unaufhörliche Wachen,
bis der Tag in Dämmerung übergeht,
und die Nacht ins Morgengrauen!
Diese Gezeiten
ständigen Erinnerns
und ständigen Vergessens,
das andauernde Säen von Schicksalen,
von denen wir nichts ernten
außer Hoffnung!
Das beständige Aufsteigen
vom Staub zum Nebel,
um dann wieder Staub zu werden,
und sich mit größerem Verlangen
als Nebel zu erheben;
dieses zeitlose Messen der Zeit.
Muß meine Seele denn

ein Meer sein,
in dem die Ströme
für immer verschmelzen,
oder ein Himmel,
in dem sich widerstreitende Winde
zum Orkan vereinen?

Wenn ich ein Mensch wäre,
ein winziger Teil der Schöpfung,
ertrüge ich es mit Geduld;
auch wenn ich die höchste
Gottheit wäre,
die der Menschen und der Götter
Leere mit Sinn erfüllt,
so wäre ich zufrieden.
Doch du und ich
wir sind weder Menschen
noch der Allerhöchste.
Wir sind Dämmerung,
immer aufleuchtend
von Horizont zu Horizont,
und immer verblassend.
Wir sind Götter,
die eine Welt halten,
während sie selber
gehalten werden.
Wir sind Wesen,

die Trompeten blasen,
wobei der Atem und die Musik
von außerhalb kommen.
Dagegen lehne ich mich auf.
Ich möchte mich lieber
bis zur Ohnmacht erschöpfen,
möchte ausgeblendet sein
aus deiner Vision
und aus unserer Erinnerung.
Ich will mich entfernen
aus deinen Blicken
und aus dem Andenken
dieses schweigsamen Jünglings,
unseres jüngeren Bruders,
der neben uns sitzt
und unverwandt ins Tal blickt,
ohne ein Wort hervorzubringen,
obgleich sich seine Lippen bewegen.

Dritter Gott

Aber ich spreche doch,
meine unachtsamen Brüder,
ich spreche wirklich,
doch ihr hört nur
eure eigenen Worte.
Ich lade euch ein,
euer ruhmvolles Werk
zu betrachten,
aber ihr wendet euch ab,
ihr schließt eure Augen
und erschüttert eure Throne.
Ihr Machthaber, die ihr
sowohl die Welt über euch
als auch die unter euch
beherrschen wollt,
ihr selbstgefälligen Götter,
euer Gestern ist eifersüchtig
auf euer Morgen,
ihr seid euch selbst überdrüssig,
und versucht, euch durch Reden
von eurem Mißmut zu befreien,
und den Himmel mit Donner
zu überziehen!
Eure Fehde ist wie der Klang
einer alten Leier,

deren Saiten vergessen wurden
von den Fingern dessen,
der Orion als Harfe spielt
und die Plejaden als Zimbeln.
Gerade jetzt, während ihr murrt,
erklingt seine Harfe,
ertönen seine Zimbeln,
und ich bitte euch,
seinem Spiel zu lauschen.

Seht den Mann und die Frau,
Flamme neben Flamme
in heller Ekstase!
Wurzeln, trinkend an den Brüsten
purpurfarbener Erde,
Flammenblumen am Herzen
des Himmels.
Und wir sind die purpurne Brust,
wir sind der bleibende Himmel.

Die Seele des Lebens
und unsere Seelen,
eure und die meine,
wohnen heute nacht
in der vibrierenden Kehle
eines Jünglings
und in den geschmeidigen Gliedern

eines Mädchens.
Euer Szepter ist außerstande,
ihr Schicksal zu lenken.
Euer Unbehagen
gründet in eurer Ehrsucht.
Sie wird ausgelöscht
durch die leidenschaftliche Liebe
eines Mannes und eines Mädchens.

Zweiter Gott

Was soll diese Liebe
von Mann und Frau?
Schau, wie der Ostwind
mit ihren Füßen tanzt,
und wie der Westwind
seine Lieder fortträgt.
Sieh unsere heilige Autorität,
nun entthront
durch die Hingabe
eines singenden Geschöpfes
an einen tanzenden Körper!

Erster Gott

Es widerstrebt mir,
meine Blicke nach unten zu richten,
auf die Eitelkeiten der Erde,
auf ihre Kinder
in ihrer langsamen Agonie,
die ihr Liebe nennt.
Was ist eure Liebe anders
als eine gedämpfte Trommel,
die eine lange Prozession
süßer Ungewißheit anführt

zu einer anderen Agonie?
Nein, ich will nicht
nach unten schauen!
Was ist da auch schon zu sehen,
außer einem Mann und einer Frau
in einem Wald, der dazu aufwuchs,
ihnen Fallen zu stellen,
damit sie sich selbst entsagen
und neue Geschöpfe zeugen
für unser ungeborenes Morgen.

Dritter Gott

O diese Niedergeschlagenheit
der Wissenden,
dieser sternenlose Schleier,
den wir auf die Welt legten,
diese Herausforderung
an die menschliche Geduld!
Wir legen eine wachsweiche Gestalt
unter einen schweren Stein
und sagen: Sie ist aus Lehm,
und zu Lehm soll sie
zurückkehren!
Wir halten in unserer Hand
eine weiße Flamme
und sagen in unserem Herzen:
sie ist ein Stück von uns selbst,
das zu uns zurückkehren wird,
Odem von unserem Odem,
der unseren Lippen entströmte,
und nun plagt er uns,
weil er mit mehr Duft zurückkehrt.

Götter der Erde, meine Brüder,
wenn wir auch auf Bergeshöhen thronen,
sind wir dennoch erdverbunden
durch den Menschen, der sich sehnt

nach den goldenen Stunden
menschlichen Schicksals.
Soll unsere Weisheit seinen Blicken
das Schöne vorenthalten?
Soll unser Maß
seine Begeisterung dämpfen
oder sie der unseren unterwerfen?

Was wollen eure Armeen
von Argumenten bewirken,
wo die Liebe ihr Lager
aufgeschlagen hat?
Diejenigen, welche die Liebe
bereits erobert hat,
über deren Körper
ihre Triumphwagen eilen,
vom Meer zu den Bergen
und von den Bergen zum Meer,
sie stehen gerade in scheuer Umarmung.

Blütenblatt an Blütenblatt
atmen sie den heiligen Duft,
Seele an Seele geschmiegt,
entdecken sie die Seele des Lebens,
und auf ihren Augenlidern
liegt ein Gebet zu euch
und zu mir.

Liebe ist eine Nacht,
die sich vor heiliger Laube neigt,
sie ist ein Himmel,
verwandelt in eine Wiese
und seine Sterne,
verwandelt in Leuchtkäfer.
Es ist wahr,
daß wir die Höchsten sind,
die im Jenseits wohnen;
aber die Liebe
übersteigt unser Planen,
die Liebe schwingt sich
höher auf als unser Lied.

Zweiter Gott

Suchst du dir einen
anderen Himmelskörper,
willst du nicht diesen Stern
nochmals ins Auge fassen,
wo deine Kräfte wurzeln?
Im ganzen Weltraum
findest du keine Mitte,
außer dort, wo das Ich sich
mit dem Ich in Eintracht paart,
und wo die Schönheit als Trauzeuge
und Priester zugleich fungiert.

Betrachte die Schönheit,
ausgebreitet zu unseren Füßen,
Schönheit, die unsere Hände füllt,
um unsere Lippen zu beschämen.
Das Entfernteste ist das Nächste.
Und wo die Schönheit ist,
da findet sich auch alles andere.

Du stolzer, träumender Bruder,
kehr zu uns zurück
aus dem dunklen Grenzland
der Zeit!
Löse deine Füße vom Niemandsland,

verlaß die Zeit,
die nicht existiert,
und wohne mit uns
in der vertrauten Sicherheit,
die deine Hand – zusammen mit unseren –
Stein auf Stein gebaut hat.
Wirf ab den Mantel der Grübelei,
und geselle dich zu uns,
zu uns den Herren
der grünen, warmen Erde.

Erster Gott

O ewiger Altar,
verlangst du diese Nacht wirklich
einen Gott als Opfergabe?
Nun denn, ich komme,
und mich nähernd
bringe ich dir dar
meine Liebe und mein Leid.
Sieh, dort ist die Tänzerin,
geformt aus unserem uralten Verlangen,
und der Sänger singt
meine eigenen Lieder in den Wind.
Bei diesem Tanz
und bei diesem Gesang

stirbt ein Gott in meinem Innern.
Mein göttliches Herz
in menschlicher Brust
ruft mein göttliches Herz
im Weltenraum.
Der menschliche Abgrund,
der meine Geduld erschöpfte,
ruft die Gottheit an,
und die Schönheit,
die wir von Anfang an suchten,
schreit zur Gottheit.
Ich achte auf den Schrei,
wäge ihn ab,
und nun ergebe ich mich.
Die Schönheit ist ein Weg,
der zur Hingabe des Ich führt.
Schlag deine Saiten an!
Ich bin bereit,
diesen Weg zu gehen.
Er führt stets
zu einer neuen Morgenröte.

Dritter Gott

Die Liebe triumphiert:
sei es das Weiß und Grün
der Liebe an einem See,
ihre stolze Pracht
in einer Burg
oder auf einem Balkon,
ihre Natürlichkeit
in einem Garten
oder inmitten der Wüste;
wo immer sie auftritt
ist die Liebe
unser Herr und Meister.
Sie ist nicht
ausschweifende Lust,
nicht Begierde des Fleisches,
kein Splitter des Verlangens,
im Widerstreit mit dem Ich,
auch kein Teil des Fleisches,
das gegen den Geist
zu Felde zieht.
Denn die Liebe
lehnt sich nicht auf.
Sie verläßt nur
die ausgetretenen Pfade
vergangener Geschicke

und tauscht sie aus
gegen den heiligen Hain,
um darin ihr Geheimnis
zu singen und zu tanzen
in alle Ewigkeit.
Liebe ist Jugend
in zerbrochenen Ketten,
sie ist Männlichkeit,
befreit von Lasten
und Lastern der Erde
und Fraulichkeit, gewärmt
an heiliger Flamme,
die himmlisches Licht
ausstrahlt, das tiefer ist,
als unser Himmel.
Liebe ist ein fernes Lächeln
aus den Falten des Geistes,
oder ein Sturmangriff,
der dich plötzlich weckt.
Sie ist eine neue Morgenröte
auf der Erde,
ein ferner, unerreichter Tag
in meinen Augen,
doch bereits angebrochen
in der Liebe größerem Herzen.

Brüder, meine Brüder,
die Braut kommt
aus dem Herzen der Morgenröte
und der Bräutigam
aus dem Abendrot.
Es wird eine Hochzeit geben
im Tal,
einen Tag, zu schön,
um ihn zu beschreiben.

ZWEITER GOTT

So war es
seit dem ersten Morgen:
freie, friedliche Täler
bis zu den Hügeln,
und so wird es bleiben
bis zum letzten Abend.
Aus unseren Wurzeln
gingen hervor
die tanzenden Zweige
im Tal,
und aus unseren Blüten
der Lieder Düfte,
die zu den Höhen aufsteigen.
Unsterbliche und Sterbliche

sind Zwillingsflüsse,
unterwegs zum gleichen Meer.
Es gibt keine Abgründe
zwischen einem Ruf
und dem anderen,
wenn es dem Ohr
auch so scheint.
Die Zeit schärft unser Gehör
und verstärkt die Erwartung.
Nur der Zweifel am Sterblichen
bringt den Klang zum Schweigen.
Wir aber haben den Zweifel
überwunden.
Der Mensch ist ein Kind
unseres jugendlichen Herzens.
In ihm ist ein Gott,
der sich allmählich
zur Gottheit entfaltet;
zwischen seiner Freude
und seinem Leid
liegt unser Schlaf
mit seinen Träumen.

Erster Gott

Laßt den Sänger singen
und das Mädchen
ihr Tanzbein schwingen.
Und laßt mich
eine Weile in Ruhe.
Gönnt meiner Seele
in dieser Nacht
ihre Heiterkeit.
Vielleicht werde ich schlafen,
und im Schlaf
eine hellere Welt erblicken
und strahlendere Geschöpfe,
die meinem Geist
willfährig sind.

Dritter Gott

Nun will ich aufbrechen,
mich Raum und Zeit entziehen,
ich will tanzen
auf freiem Feld,
und die Füße einer Tänzerin
werden sich tanzend
mit mir drehen;
ich will singen
in den Höhen,
und in meiner Stimme
wird eine menschliche
Stimme widerhallen.

Wir werden hinüberziehen
ins entfernte Abendrot
und wohl erwachen
im Morgenrot
einer neuen Welt.
Aber die Liebe
wird bleiben,
und ihre Spuren
werden nicht verlöschen.

Die heilige Esse brennt,
die Funken fliegen,

und jeder Funke
ist eine Sonne.
Es ist ratsam, Brüder,
uns einen schattigen
Winkel zu suchen,
und zu schlafen
in unserer Erdengöttlichkeit,
laßt die Liebe,
menschlich und zart,
den neuen Tag regieren!